LA BARRIERE DU NON-PARDON

Le non-pardon est un luxe qu'un chrétien ne peut se permettre.

ISBN 978-1-78263-093-7

Originally published in English as a New Wine articles under the title "The Barrier of Unforgiveness".

Traduit avec permission de Derek Prince Ministries International USA, P.O. Box 19501, Charlotte, North Carolina 28219-9501, USA.

Traduit par Fabrice Marchand.

Sauf autre indication, les citations bibliques de cette publication sont tirées de la traduction Louis Segond "Nouvelle Edition".
Publié par Derek Prince Ministries France, 2006.
Dépôt légal: 2e trimestre 2006.
Couverture faite par Damien Baslé, www.damienbasle.com
Imprimé en France.

Pour tout renseignement:
DEREK PRINCE MINISTRIES FRANCE
Route d'Oupia, B.P.31, 34210 Olonzac FRANCE
tél. (33) 04 68 91 38 72 fax (33) 04 68 91 38 63
E-mail info@derekprince.fr * www.derekprince.fr

LA BARRIERE DU NON-PARDON

Le non-pardon est un luxe qu'un chrétien
ne peut se permettre.

Beaucoup de chrétiens ont, dans leur vie, des barrières qui les empêchent d'expérimenter un plein accomplissement, la satisfaction, la paix, la guérison, et les multiples bénédictions de Dieu, c'est pourquoi dans cette brochure nous voulons examiner une barrière très courante. Mais avant que nous fassions cela, j'aimerai vous rappeler qu'avant le Calvaire, si une barrière s'élevait entre Dieu et l'homme, c'était toujours du coté de l'homme, et non du coté de Dieu. Donc si quelque barrière spirituelle bloque vos progrès spirituels – si quelque chose vous retient; vous frustre; vous démoralise; vous empêchant d'avoir la joie, la satisfaction, l'accomplissement que vous espérez et que vous voulez – alors la barrière se trouve de votre coté et non du coté de Dieu

Dans mon expérience personnelle, la plus grande difficulté à trouver la paix complète et le repos parfait est le non-pardon. Commençons notre étude en lisant les paroles de Jésus dans Matthieu 18:15-35.

> Si ton frère a péché, va et reprends–le seul
> à seul. S'il t'écoute, tu as gagné ton frère.
> Mais, s'il ne t'écoute pas, prends avec toi

une ou deux (personnes), afin que toute l'affaire se règle sur la parole de deux ou trois témoins. S'il refuse de les écouter, dis–le à l'Église; et s'il refuse aussi d'écouter l'Église, qu'il soit pour toi comme un païen et un péager. En vérité je vous le dis, tout ce que vous lierez sur la terre sera lié dans le ciel, et tout ce que vous délierez sur la terre sera délié dans le ciel. En vérité je vous dis encore que si deux d'entre vous s'accordent sur la terre pour demander quoi que ce soit, cela leur sera donné par mon Père qui est dans les cieux. Car là où deux ou trois sont assemblés en mon nom, je suis au milieu d'eux. Alors Pierre s'approcha et lui dit: Seigneur, combien de fois pardonnerai–je à mon frère, lorsqu'il pèchera contre moi? Jusqu'à sept fois? Jésus lui dit: Je ne te dis pas jusqu'à sept fois, mais jusqu'à soixante–dix fois sept fois. C'est pourquoi, le royaume des cieux est semblable à un roi qui voulut faire rendre compte à ses serviteurs. Quand il se mit à compter, on lui en amena un qui devait dix mille talents. Comme il n'avait pas de quoi payer, son maître ordonna de le vendre, lui, sa femme, et ses enfants, et tout ce qu'il avait, et de payer la dette. Le serviteur se jeta à terre, se prosterna devant lui et dit: Seigneur, prends patience envers moi, et je te paierai tout. Touché de compassion, le maître de ce serviteur le laissa aller et lui remit la dette. En sortant, ce serviteur trouva un de ses compagnons qui lui devait cent deniers. Il le saisit et le serrait à la gorge en disant: Paie ce que tu me dois. Son compagnon se jeta à ses pieds et le suppliait disant: Prends patience envers moi, et je te paierai. Mais lui ne voulut pas; il alla le jeter en prison, jusqu'à ce qu'il ait payé ce qu'il devait. Ses compagnons, voyant ce qui arrivait, furent profondément attristés, et ils allèrent raconter à leur maître tout ce qui s'était passé. Alors le maître fit appeler ce serviteur et lui dit: Méchant serviteur, je t'avais remis en entier ta dette, parce que tu m'en avais supplié; ne devais–tu pas avoir pitié de ton compagnon, comme j'ai eu pitié de toi? Et son maître irrité le livra aux bourreaux jusqu'à ce qu'il ait payé tout ce qu'il devait. C'est ainsi que mon Père céleste vous traitera si chacun de vous ne pardonne à son frère de tout son cœur.

Dans les versets 18-19 de ce passage, nous avons ce que j'appelle la "centrale d'énergie" de l'Eglise – le lieu de toute puissance et de toute autorité. Jésus dit,

Tout ce que vous lierez sur la terre sera lié dans le ciel, et tout ce que vous délierez sur la terre sera délié dans le ciel ... si deux d'entre vous s'accordent sur la terre pour demander quoi que ce soit, cela leur sera donné par mon Père qui est dans les cieux.

Je crois que ceci constitue la cellule du corps de l'Eglise: deux ou trois croyants conduits ensemble par le Saint-Esprit dans le nom de Jésus. Le point de rencontre est le nom de Jésus et celui qui fait le lien est le Saint-Esprit. C'est la cellule de vie de ce qui compose l'Eglise.

Au niveau physique c'est un principe que si une cellule ne fonctionne pas correctement, le reste du corps en souffre. Et je crois que cela est également vrai pour le corps de Christ, l'Eglise. Si une cellule locale est souffrante, tout le reste du corps ne peut pas être en bonne santé.

Dans cette cellule de vie est le germe de toute la vie d'Eglise et le cœur et la source de toute puissance. Personne n'a besoin de plus de puissance que ce qui a été promis ici: "…si deux d'entre vous s'accordent sur la terre pour demander quoi que ce soit, cela leur sera donné par mon Père qui est dans les cieux". De quoi avons nous besoin encore? Toute la puissance est contenue dans l'application de ce verset.

Mais ce que je veux souligner ici est que la promesse de la puissance est entourée et gardée par une clôture, et vous ne pouvez pas y rentrer a moins que vous ne remplissiez les conditions. J'appelle cette clôture "la bonne relation". Personne ne peut passer par la clôture s'il n'est pas en bonne relation avec Dieu et l'homme. Aux versets 15-17, juste avant que Jésus ne donne cette promesse, Il parle de ce qu'il faut faire si votre frère vous a offensé. Et juste après la promesse, aux versets 23-35, Jésus continue en donnant la parabole du serviteur impitoyable, nous avertissant des terribles conséquences si nous ne pardonnons pas un autre croyant. Nous voyons par rapport à l'emplacement de ces versets que le lieu secret de la puissance est entouré par "les bonnes relations".

UNE SYMPHONIE SPIRITUELLE

Au verset 19 de Matthieu 18 nous lisons, "... si deux d'entre vous *s'accordent*". Le mot grec ici est précisément le même mot qui donne en français le mot "symphonie". Ce n'est pas un contrat intellectuel, c'est une harmonie, un accord. Ce sont deux personnes qui sont un seul esprit ensemble. A l'état naturel, si vous voulez avoir une symphonie il y a deux choses que vous devez avoir. Vous devez avoir une *partition*, et vous devez avoir un *chef d'orchestre*. Dans le monde spirituel, si vous voulez avoir une symphonie, vous devez avoir les mêmes choses. La partition est la volonté de Dieu; le chef d'orchestre est le Saint-Esprit. Quand deux personnes viennent ensemble dans un même esprit (en symphonie, en harmonie) s'accordant sur la volonté de Dieu qui est révélée par le Saint-Esprit, alors est rendu accessible tout ce dont ils ont besoin. C'est un lieu réel. C'est une promesse réelle mais vous devez remplir les conditions.

J'ai entendu tant de gens me dirent, "Allons frère Prince. Mettons nous d'accord, nous allons prier pour ça et encore ça". Parfois j'étais embarrassé car de nombreuses fois je ressentais que c'était des revendications futiles qui ne produiraient aucun résultat. S'accorder ce n'est pas juste dire "nous sommes d'accord". S'accorder, c'est être en harmonie avec le Saint-Esprit avec une autre personne et alors que nous venons dans ce lieu d'une véritable harmonie spirituelle, nous sommes toujours invincibles. A cause de cela, le diable fera tout ce qui est en son pouvoir pour empêcher les chrétiens de venir dans ce lieu, et il a largement réussi avec des multitudes de chrétiens.

Je crois que je ne vous choquerai pas en disant que l'Eglise, qui est le corps du Christ, n'est pas une institution terrestre. Mais généralement parlant, les chrétiens se sont sentis obligés ou poussés à produire une sorte d'organisation institutionnelle dans laquelle ils se sont liés eux mêmes pour accomplir l'unité. Déjà la vérité sur ce sujet est que cela n'a pas produit l'unité que Dieu désirait pour le Corps de Jésus-Christ.

Sous l'Ancien Testament, Dieu avait un énorme problème avec son peuple Israël. Il s'était révélé lui même comme l'unique qui ne pouvait être représenté correctement par quelque portrait que ce soit, peinture ou image. Essayer de faire une image de Dieu était strictement interdit. Mais nous pouvons voir qu'encore et encore Israël tomba dans l'erreur de faire une image ou une idole en disant, "cela représente Dieu".

Je pense que l'erreur correspondante est faite par les chrétiens par dérogation. Le corps de Jésus-Christ ne peut être représenté de façon institutionnelle. Il ne peut être représenté par une organisation telle que nous le connaissons dans la vie séculière. Mais maintes et maintes fois, les chrétiens ont essayé de faire quelque chose de visible et de tangible de ce qui est au départ spirituel. Ils ont essayés de produire une organisation, une union, un lien unificateur qui remplacerait l'unité appropriée et les relations du corps de Christ, et invariablement c'est un échec.

Prenez par exemple l'Armée du Salut (et ce n'est pas une critique de l'Armée du Salut). A l'intérieur de l'Armée du Salut il y a une unité organisationnelle qui est similaire à celle d'une armée. Et il y a un autre lien unificateur qui est les uniformes, ainsi lorsque vous regardez à ces gens, vous pouvez vous dire immédiatement, "en effet, elle appartient à l'Armée du Salut cette fille" ou "c'est un officier de l'Armée du Salut", tout ce que l'homme peut faire pour produire l'unité et des structures organisationnelles est là, et pourtant deux personnes qui sont dans l'Armée du Salut peuvent être en désaccord complet l'un envers l'autre – si éloignés de l'unité réelle et de l'harmonie qu'ils en sont même complètement opposés. Deux personnes peuvent être dans l'Armée du Salut, l'un peut être converti et régénéré et l'autre peut ne pas être régénéré. Ils ne sont même pas dans la même sphère spirituelle!

Ou prenez comme exemple l'église anglicane d'Angleterre, dans laquelle j'ai grandi. Vous pouvez être un membre de l'église anglicane et être communiste, ou vous pouvez être un catholique romain. Dans cette organisation, liée ensemble par une structure organisationnelle, il y a des idées diamétralement différentes, complètement opposées l'une à l'autre, en totale disharmonie, sans aucune union au niveau spirituel entre eux. C'est un substitut extérieur pour ce qui se passe à l'intérieur. Maintenant le grand danger que je vois est que si nous acceptons l'extérieur comme un substitut pour ce qui est intérieur, alors nous négligeons l'intérieur. Le résultat est qu'aujourd'hui il y a des multitudes de chrétiens à l'intérieur du Corps dans de fausses relations avec d'autres personnes et ils ne sont même pas conscients que quelque chose ne va pas.

Un soir, dans un culte, cinq personnes s'avancèrent pour la guérison. J'ai été conduit à demander à chaque personne individuellement, "Y-a-t-il du non-pardon, ou du ressentiment dans votre cœur par rapport à une autre personne?" Sur les cinq personnes, trois répondirent par l'affirmative.

Je leur répondis, "Bien, voulez vous vraiment que je prie pour vous? Je peux le faire quel que soit votre résolution, mais quel effet pensez vous que la prière aura?". Et savez vous ce qu'ils répondirent? "Nous préférons partir et régler ces choses, puis nous reviendrons." Remarquable! Mais ce qui était vraiment remarquable c'était que ces personnes n'étaient pas conscientes de leurs mauvaises relations. Pourquoi ont ils été trompés? Parce qu'ils avaient permis à un substitut externe de les aveugler à la réalité intérieure. Si nous regardions à la condition interne du corps de Christ aujourd'hui, nous serions choqués de ce que nous verrions.

JOINTURES ET ARTICULATIONS

Si l'union intérieure n'a rien à voir avec la relation intérieure spirituelle à l'intérieur du corps de Christ, qu'est ce qui maintient alors les différentes parties du corps ensemble? Quelle est donc la vraie nature et la source de notre unité? Nous trouvons la réponse à cette question très importante dans deux passages se trouvant dans l'épître aux Ephésiens et aux Colossiens.

Dans Ephésiens 4:16 Paul nous parle de Christ comme la tête du corps:

> C'est par lui que le corps tout entier, bien coordonné et uni grâce à toutes les jointures qui le desservent, met en œuvre sa croissance dans la mesure qui convient à chaque partie, pour se construire lui-même dans l'amour.

Dans Colossiens 2:19 dans un contexte similaire, Paul nous parle de Christ comme la tête

> ... par laquelle tout le corps, bien uni grâce aux jointures et aux articulations qui le desservent, grandit d'une croissance qui vient de Dieu.

Il y a deux choses selon Paul qui unissent les membres du corps: les *jointures* et les *articulations.* Comme les jointures et les articulations dans le corps physique maintiennent les membres ensemble, il en est donc de même pour les membres spirituels du corps de Christ. Quelles sont ces jointures et ces articulations? J'aimerai vous suggérer d'un point de vue pratique, que les *jointures* sont les relations entre les membres du corps, et les *articulations* sont les attitudes qui prévalent entre eux.

Maintenant d'un point de vue naturel, mon bras possède trois os. Bien que chacun d'entre eux soient forts et en bonne santé, leur bon fonctionnement dépend de la jointure que nous appelons l'épaule. Bien que chacun de ces os soient parfaitement sains, le bras sera pourtant inefficace si la jointure ne fonctionne pas correctement. Et cela est vrai du corps de Christ. Il y a plus que votre stabilité individuelle qui est requise pour être efficace. Vos relations avec les autres sont les jointures qui vous font appartenir au corps de Christ. Et à moins que vos relations avec les autres ne soient bonnes, vous ne pourrez pas être un membre efficace du corps de Christ.

De même dans Ephésiens et Colossiens Paul parle des articulations majeures qui unissent tout le corps. Dans Ephésiens 4:3 il dit, "... l'unité de l'Esprit par le lien de la paix.". Les mots articulation et lien sont les mêmes. Et Colossiens 3:14 dit, ... de l'amour, qui est le lien parfait.", ce qui garde le corps complet ensemble. Le lien le plus essentiel qui puisse garder le corps de Christ ensemble en unité sincère est *l'amour*. L'autre lien est la *paix*.

Nous sommes tous gardés ensemble comme un tout par ce j'ai choisi d'appeler "l'attitude de paix et d'amour". Mais quand cette attitude n'est pas présente, le plein fonctionnement du corps est totalement anéanti. Tant que nous restons en mauvaises relations avec nos amis chrétiens, le corps ne peut fonctionner, et nous ne pouvons pas non plus recevoir ce dont nous avons besoin nous mêmes. Non seulement nous coupons les autres de la bénédiction, mais nous nous en coupons nous même. Mais mon expérience dans diverses situations et parmi tant de groupes a été que plus de la moitié des personnes, et ce quelle que soit la confession de l'église, ont des attitudes et des mauvaises relations avec d'autres personnes, et généralement ces mauvaises relations sont avec d'autres membres de leur assemblée.

Une fois, après avoir prêché dans une église pentecôtiste que Dieu avait vraiment visitée, je suis allé dans une autre église pentecôtiste et j'ai prêché les mêmes messages. Mais dans cette seconde église, rien ne se passa. J'ai pensé, "qu'est ce qui ne va pas?"

Savez vous ce que j'ai découvert? Voici une église de 400 personnes qui viennent régulièrement le dimanche, et cependant, l'église était divisée en plein milieu. Les personnes qui se trouvaient à ma droite, n'avaient pas parlés aux personnes sur ma gauche depuis cinq ans. Lorsqu'ils se croisaient dans la rue, ils traversaient la route pour éviter de se parler. Par conséquent, prêcher à ces gens était pour moi une perte d'énergie et de temps, puisqu'il n'y avait aucune possibilité pour l'Esprit saint de visiter l'église. Ironiquement, j'ai souvent constaté dans tellement de circonstances similaires que les personnes dans de telles assemblées sont prompts à blâmer leur pasteur ou a louer un autre évangéliste ou à faire tout autre chose plutôt que la seule chose qu'ils devraient faire, et qui est d'être droit les uns avec les autres.

LE SERVITEUR IMPITOYABLE

Tournons nous maintenant aux versets 23-35 de Matthieu 18 où nous trouverons cette parabole du serviteur impitoyable. Les derniers versets du chapitre nous indiquent avec certitude que Jésus se réfère aux chrétiens. Le premier serviteur dans la parabole devait dix mille talents, ce qui vaudrait de nos jours, environ 5.000.000 €. Et comme il ne pouvait payer, il devait être jeté en prison. Il sollicita la pitié de son maître, qui généreusement lui pardonna toute sa dette. Mais comme celui-ci sortait, il rencontra un compagnon d'esclavage qui lui devait dans les mêmes proportions 10 €.

"Paie moi!" dit-il à l'autre serviteur.

"Je ne peux pas" répondit l'homme.

"Bon, je vais te mettre en prison"

"Attends, je vais te payer, je vais gagner ces 10 €, je paierai!"

"Non" dit-il, "si tu ne peux pas payer, en prison tu iras."

Bien sur les autres serviteurs furent terriblement choqués et ils allèrent le dirent à leur maître.

"Tu te rappelles le serviteur à qui tu as remis les 5.000.000 €? Il vient de sortir de ton bureau, il a rencontré un compagnon d'esclavage qui lui devait 10 € qu'il ne pouvait payer, alors il l'a jeté en prison".

La Bible dit "Le maître se mit en colère" ou qu'il était très mécontent. Et après l'avoir fait appeler et lui avoir demandé ce qui s'était passé, il dit "Méchant serviteur". Puis il ordonna, "livrez le aux bourreaux, jusqu'à ce qu'il ait payé tout ce qu'il doit". Et le dernier verset dit, "C'est ainsi que mon Père céleste vous traitera si chacun de vous ne pardonne pas à son frère de tout son cœur."

Laissez moi vous démontrer deux faits certains: Premièrement, *échouer à pardonner les autres est de la méchanceté*. Le Seigneur a dit, "Mauvais serviteur". Le non-pardon n'est pas simplement un péché: c'est de la *méchanceté*.

Deuxièmement, le serviteur impitoyable a été livré aux bourreaux. Et le Seigneur dit, "C'est ainsi que mon Père céleste vous traitera." Chrétien, si tu ne pardonnes pas, de tout ton cœur, tes frères qui te doivent – tout préjudice, toute blessure ou toute dette - le Seigneur Jésus dit que Dieu te traitera comme ce maître qui a traité ce serviteur impitoyable, te livrant aux bourreaux.

Je suis arrivé à une compréhension claire de ce passage, car au cours de mon ministère particulier, j'ai rencontré une multitude de personnes de confession chrétienne dans les mains de bourreaux – tourments spirituels, tourments mentaux, tourment physiques. Et je me suis demandé "Dieu comment cela se peut-il? Des personnes qui en appellent au nom de Jésus; des personnes qui confessent le salut; des personnes qui connaissent Jésus-Christ comme Seigneur, et pourtant ils sont entre les mains des bourreaux. Ils sont dans les mains d'esprits mauvais; ils n'ont pas la paix; ils n'ont pas la joie; ils sont assujettis à la peur; leur esprit n'est pas dans le repos; et ils viennent à moi pour être délivrés. Si encore c'était en dehors de l'Eglise je comprendrais, mais c'est *dans* l'église".

Et le Seigneur m'a dit, "Ils sont dans les mains des bourreaux car je les ai livrés aux bourreaux". Si Dieu a mis quelqu'un dans les mains des bourreaux, il n'y a aucune créature sur terre qui peut l'en délivrer. Pas un seul. Beaucoup de prédicateurs essayent, et beaucoup de personnes vont voir les prédicateurs pour essayer, mais rien n'arrive. Si Dieu vous a livrés aux bourreaux, vous y resterez jusqu'à ce que vous remplissiez les conditions de Dieu pour en sortir. Vous pourrez sans doute avoir une rémission temporaire, mais ce sera tout. Vous ne pouvez avoir la vraie paix, la délivrance ou la libération jusqu'à ce que vous ayez délibérément choisi de pardonner toutes les personnes contre qui vous avez du ressentiment ou du non pardon. Ceci est la condition incontournable de Dieu. Il n'y a aucun autre chemin.

PRIERE ET PARDON

La prière du Seigneur est un schéma pour tous les croyants chrétiens. Jésus dit à ses disciples lorsqu'ils lui demandèrent comment prier "Quand vous priez, dites:" Je comprends que cela veut nous dire que c'est un schéma – non pas que nous devions utiliser les mêmes mots, mais que les principes sont invariables.

Jésus nous dit de prier, "Pardonne nous nos offenses comme nous pardonnons à ceux qui nous ont offensés". Vous ne pouvez changer ça. Vous êtes autorisé à demander pardon à Dieu dans la même mesure que vous-même avez pardonné aux autres, et pas plus. Si vous ne pardonnez pas aux autres, Dieu ne vous pardonnera pas non plus.

C'est la seule portion de la prière du Seigneur que Jésus a senti nécessaire de commenter.

> Si vous pardonnez aux gens leurs fautes, votre Père céleste vous pardonnera, à vous aussi, mais si vous ne pardonnez pas aux gens, votre Père ne vous pardonnera pas non plus vos fautes. (Mat 6:14-15)

Je voudrai le dire aussi clairement et aussi énergiquement que possible. Si il y a quelqu'un à qui vous n'avez pas pardonné, ne vous trompez pas vous même, vous n'êtes pas pardonné par Dieu. C'est là la source de tous vos problèmes. Vous n'avez pas le plein pardon.

Dans Marc 11:23-25 Jésus dit des paroles formidables:

> Amen, je vous le dis, celui qui dira à cette montagne: "Ote–toi de là et jette–toi dans la mer", sans hésiter dans son cœur, mais en croyant que ce qu'il dit arrive, cela lui sera accordé.

Encore une fois, il n'y a pas plus grand pouvoir que ça. C'est toute la puissance dont nous avons besoin. De plus, dans le verset suivant, Il dit,

> C'est pourquoi je vous dis: Tout ce que vous demandez en priant, croyez que vous l'avez reçu, et cela vous sera accordé.

Et là vous vous dites, "Merveilleux!"

Mais attendez un instant. Les versets 25-26 disent,

> Et lorsque vous êtes debout en prière, si vous avez quelque chose contre quelqu'un, pardonnez, afin que votre Père qui est dans les cieux vous pardonne aussi vos fautes.

C'est absolument clair. Si vous avez quelque chose contre quelqu'un, pardonnez. Ce "quelque chose contre quelqu'un" ne laisse rien ni personne en dehors.

Si vous avez "quelque chose contre quelqu'un", je ne pense pas que vous soyez prêt pour le ciel. J'ai bien dit "je pense", parce que ce n'est pas moi qui ai le dernier mot à ce sujet, mais je ne peux pas comprendre comment quelqu'un pourrait aller au ciel alors que ses péchés ne sont pas pardonnés. Et il est très clair que si vous n'avez pas pardonné les autres, vous n'êtes pas pardonné vous aussi.

J'aimerai vous faire remarquer que dans Ephésiens 1:7 la rédemption est coexistante avec le pardon.

> En lui, nous avons la rédemption par son sang, le pardon des fautes...

En d'autres mots, si tous vos péchés sont pardonnés, vous avez tous les droits de la rédemption; mais s'il y a une seule zone d'un péché non pardonné, alors vous n'avez pas tous les droits de la rédemption. Et si vous avez tous les droits de la rédemption, alors le diable n'a aucun pouvoir sur vous et aucune place en vous. Par contre si il y a une seule zone ou les droits de la rédemption ne s'appliquent pas, le diable le sait. Il sait qu'il y a un péché non pardonné dans votre vie, il a un droit légal de réclamation sur vous et vous ne pouvez l'en empêcher. Vous pouvez lui crier dessus, vous pouvez sauter sur lui, vous pouvez demander au prédicateur de prier, mais si il a un droit légal d'être là, rien ne pourra le faire déloger. Ainsi, vous ne pouvez être délivré jusqu'à ce que vous ayez délibérément pardonné "quelque chose contre quelqu'un".

Quelle est la dernière pétition dans la prière du Seigneur? C'est une pétition de délivrance. "Délivre nous du malin". C'est là la traduction correcte. Mais vous n'avez aucun droit de prier cette prière jusqu'à ce que vous ayez prié, "Pardonne nous nos offenses comme nous pardonnons ceux qui nous ont offensés". Une fois que la question du pardon est réglée, alors la délivrance n'est plus un problème. Donc rappelez vous, si vous n'avez pas une attitude de pardon et cette attitude envers chaque personne, le diable a un droit légal de réclamation sur votre vie.

ETRE UN LIBERATEUR DE PARDON

Jean 20:22-23 dit,

> Après avoir dit cela, il souffla sur eux et leur dit: Recevez l'Esprit saint. A qui vous pardonnerez les péchés, ceux–ci sont pardonnés; à qui vous les retiendrez, ils sont retenus.

C'est une énorme responsabilité que de devenir une personne qui pardonne ou retient les péchés. Tout d'abord laissez-moi vous dire emphatiquement, je ne trouve aucune allusion permettant de dire que ces paroles de Jésus étaient réservées à un groupe particulier ou sélectionné. Je n'ai trouvé non plus aucune allusion que ceux qui avaient reçu cela aient reçu une autorité quelconque leur permettant de le transmettre à d'autres. Bien au contraire, il semble très clair que cette prérogative doit venir comme résultat d'une rencontre bien définie, directe et personnelle avec Jésus. Vous devez avoir un face à face avec Jésus de façon à ce que son Esprit soit soufflé sur vous. Cela s'applique aussi bien à vous qu'à ces apôtres. Et je crois que ce passage veut bien dire ce qu'il veut dire: "A qui vous pardonnerez les péchés, ceux–ci sont pardonnés" Ainsi un résultat du Saint-Esprit venant dans votre vie est que vous deveniez un re-metteur de péchés.

Mais c'est là qu'il y a un problème – les enfants de Dieu retiennent les péchés dans les vies d'autres enfants de Dieu et le résultat est que l'église entière est liée dans une atmosphère de péchés retenus les uns envers les autres. Vous pouvez retenir quelqu'un dans son péché, et beaucoup le font à travers le non-pardon. Bien des femmes aspirent au salut de leur mari, mais à travers l'échec de leur pardonner, elles les retiennent dans leur péché. Ce sont elles mêmes qui les retiennent captifs. Si vous avez du non-pardon dans votre cœur contre quelqu'un, vous êtes lié à lui. La personne peut être à des kilomètres, mais vous serez toujours lié par une corde invisible. Et la seule façon de vous libérer de cette personne est à travers le pardon.

Laissez moi aussi ajouter que le non-pardon n'est pas altéré par le temps. Bien que vous puissiez avoir du ressentiment dans votre cœur pour quarante ou cinquante années, vous aurez toujours à entreprendre les actions appropriées. Le fait que cela soit arrivé il y a longtemps, ne change rien.

LES RELATIONS FAMILIALES

C'est un fait de la vie que potentiellement, et souvent prouvé par l'expérience, nos relations les plus dangereuses, les plus blessantes et les plus empoisonnées sont celles que nous avons avec ceux qui nous sont les plus proches. Un problème particulier très commun est celui d'un jeune avec ses parents. Je dirais que la majorité des jeunes sont dans une certaine mesure en opposition ou rébellion contre leurs parents, et dans plusieurs cas, les parents doivent reconnaître une part importante de responsabilité. Le problème n'est pas les jeunes délinquants mais les adultes délinquants.

Mais néanmoins, je dis toujours aux jeunes gens, "Si vous avez du ressentiment, de la haine et de la rébellion dans votre cœur envers vos parents, rappelez vous que ce ne sont pas vos parents qui en souffriront le plus – c'est *vous*. Celui qui ressent souffre plus que celui qui est l'objet du ressentiment. De plus les Ecritures disent que le premier commandement suivi d'une promesse est "Honores ton père et ta mère afin que tu vives heureux". Vous ne serez jamais "heureux" si vous n'honorez pas votre père et votre mère. Ce n'est pas possible. C'est contraire à la loi divine.

L'autre domaine où le problème est très répandu est celui de la relation entre mari et femme. Beaucoup de femmes n'ont aucun problème avec l'épicier ou l'homme qui vient relever le gaz une fois par mois, car ils ne sont pas sur sa route. Mais la personne qui partage leur lit – c'est celui là! Je ne sais pas exactement combien d'hommes ont des ressentiments contre leur femme et de femmes contre leurs maris, mais la proportion est étonnamment grande.

Revenons à notre déclaration "si deux d'entre vous s'accordent sur la terre". Quelles sont les personnes les plus évidentes qui peuvent s'accorder sur terre? Un mari et une femme. Et combien d'entre eux s'accordent? Je n'aimerais pas répondre à cette question! Beaucoup de femmes sont engagées dans les activités de l'église juste parce qu'elle ne peuvent s'accorder avec leurs maris. Elles courent à l'église, non pas parce qu'elles veulent servir le Seigneur, mais parce qu'elles veulent fuir leurs propres problèmes à leur maison.

Je me souviens avoir prié une fois, avec une jeune mariée pour la délivrance. Après avoir reçu une merveilleuse délivrance, elle dit: "Oh frère Prince, maintenant je pense que je vais devenir une missionnaire, ou au moins une enseignante de l'école du dimanche!"

Je lui ai répondu: "Sœur, écoutez moi un instant. Le plus important ministère est d'être la meilleure épouse possible pour votre mari et la meilleure mère possible pour vos enfants. Tout le reste est secondaire par rapport à ça. Faites les choses dans le bon ordre."

Beaucoup de sœurs viennent me voir et disent: "Frère Prince, je suis baptisée dans le Saint-Esprit, mais mon mari ne croit pas en cela." Généralement je réponds: "Avez vous montré à votre mari quelque chose qui lui fera croire en cela? Etes vous devenue une meilleure épouse suite à votre baptême? Est ce que votre maison est devenue plus agréable? Y a-t-il une atmosphère encore plus aimante? Montrez vous à votre mari plus d'attention et de considération qu'auparavant? Si la réponse est non, ne lui demandez pas de croire dans le baptême, parce qu'il ne le fera pas. Si tout ce que le baptême fait est de vous faire courir aux réunions, laissant votre mari seul, vous allez pour le reste de votre vie rester avec un partenaire qui ne croit pas ce que vous croyez."

Savez vous que le dernier verset de l'Ancien Testament est une malédiction? La dernière parole du prophète Malachie dit ceci "de peur que je ne vienne mettre à mal le pays en le frappant d'anathème." Et connaissez vous la cause de cette malédiction? Cela est expliqué dans les versets juste avant cette dernière phrase:

> Je vous envoie Elie, le prophète, avant que n'arrive le jour du Seigneur, jour grand et redoutable. Il ramènera le cœur des pères vers les fils et le cœur des fils vers leurs pères, de peur que je ne vienne

mettre à mal le pays en le frappant d'anathème.

Le Saint-Esprit avait certainement prévu des conditions à la fin de cet âge. Et il a mis son doigt infailliblement sur le problème numéro un dans notre pays aujourd'hui. Des foyers brisés avec des maris et des femmes qui ne peuvent s'entendre, allant chacun de leur coté et négligeant leurs enfants.

Savez vous pourquoi Dieu choisit Abraham? Genèse 18:17-19 dit:

> Or le Seigneur avait dit: Cacherai–je à Abraham ce que je vais faire, alors qu'Abraham va devenir une nation grande et forte, et que toutes les nations de la terre se béniront par lui? Car je l'ai distingué afin qu'il ordonne à ses fils et à toute sa maison, après lui, de garder la voie du Seigneur en agissant selon la justice et l'équité; ainsi le Seigneur fera venir sur Abraham ce qu'il a dit à son sujet.

Voilà le secret. Le Seigneur a choisi Abraham parce qu'il pouvait lui faire confiance à cause de sa relation avec sa famille pour ordonner à ses enfants et à sa maison de garder la voie du Seigneur.

L'inverse est également vrai. Toute nation dont les maris et les pères faillissent à remplir leurs obligations envers la famille ne pourra rester une grande et puissante nation. Cela est vrai des Etats-Unis, et de tout autre pays. Si la vie familiale n'est pas changée dans cette nation, il n'y a aucun espoir pour elle. C'est terminé. L'écriture est écrite sur le mur (N.d.t.: allusion au livre de Daniel où la main de Dieu écrivit sur le mur la condamnation de Belshatsar). Et je maintiens que les personnes remplies de l'Esprit saint avec l'aide du message de tout l'Evangile devrait avoir une réponse à ce problème. Et si nous n'avons pas de réponse, alors où le monde pourra-t-il chercher une réponse?

C'est vraiment tragique qu'il y ait tant de soit-disant maisons remplies du Saint-Esprit dans lesquelles il n'y a pas d'harmonie entre le mari et la femme. Si je comprends bien, ce sont les personnes qui sont ointes par le Saint-Esprit qui ont un message pour cette génération. Je ne crois pas que nous devions nous asseoir les mains croisées et dire, "la situation est incontrôlable; il n'y a rien que l'on puisse faire". Je crois que la solution est à l'intérieur de l'Eglise de Jésus-Christ. Je crois que l'Eglise est le sel de la terre, la lumière du monde. Mais, "…si le sel devient fade [si ça ne change pas la situation, si ça ne raffine pas le monde; si cela ne contient pas les forces de corruption] … Il n'est plus bon qu'à être jeté dehors et foulé aux pieds par les gens" (Matt.5:13).

C'est là ou l'Eglise est rendue en ce moment. Mais cela n'a pas besoin de se réaliser. Connaissez vous le remède? Se repentir, être droit avec Dieu, et être droit dans votre famille.

N'allez pas autour du monde en offrant une solution à un problème lorsque cela ne fonctionne dans votre maison. C'est ridicule. Si vous avez seulement de la misère et de la disharmonie à exporter, ne l'exportez pas!

L'Eglise à ses yeux si loin à l'autre bout de la terre qu'elle ne peut même pas voir ce qui se passe sous son nez. La première chose que vous devez faire est d'être droit avec les personnes proches de vous. Commencez par là. Soyez réconciliés. Laissez tomber votre amertume, votre ressentiment, votre haine.

SENTIMENTS CONTRE VOLONTE

Certaines personnes me disent, "Frère Prince, je sens que je ne peux pas pardonner". J'ai de bonnes nouvelles pour vous – vous n'avez pas besoin de *sentir*! Vous devez *décider*. Ce ne sont pas vos émotions: c'est votre volonté. Bon nombre de prédications contemporaines sont complètements mal dirigées car elles ciblent les émotions des personnes, et ainsi tout ce que cela produit, ce sont des émotions. Mais chaque prédicateur que Dieu à réellement utilisé pour changer les vies a prêché à la volonté des gens. Finney a dit: "Je ne suis pas intéressé en quoi que ce soit si ce n'est la volonté". Vous n'avez donc pas à *ressentir* le pardon: vous devez avoir la volonté de pardonner. Si vous êtes un enfant de Dieu né de nouveau, c'est dans votre capacité que de faire cela. Jésus souffla sur ses disciples et leur dit: "A qui vous pardonnerez les péchés, ceux–ci sont pardonnés; à qui vous les retiendrez, ils sont retenus." Et si vous retenez un péché d'une personne, vous êtes retenu dans votre propre péché. Vous êtes lié à cette personne par une corde. Vous pouvez avoir divorcé de votre mari il y a vingt ans, mais si vous ne lui avez pas pardonné, vous êtes toujours lié à lui.

Il n'y a pas longtemps, quelque chose d'extrêmement drôle m'arriva à une petite réunion. Une dame vint me voir et me dit. "Frère prince, je veux que vous priez pour moi. Vous voyez, je vis dans un quartier où toutes les autres personnes boivent de la bière. Nous sommes la seule famille dans tout le voisinage qui ne buvons pas de bière. Je voudrais quitter ces lieux."

Chaque phrase qu'elle prononçait contenait le mot "bière". Après un moment, je lui dis. "Sœur, réalisez vous que vous êtes une alcoolique à l'envers? Vous êtes autant remontée contre la bière qu'un homme qui en est l'esclave. Je ne pense pas que le fait de changer de quartier rendra les choses meilleures, parce que le problème n'est pas dans les gens mais en vous". Alors je lui ai posé des questions sur son mari, "Lui avez vous pardonné?"

"Oui" dit elle, "Il en buvait régulièrement, mais il est sauvé maintenant et je lui ai pardonné."
"C'est merveilleux" ais je répondu, "Y a-t-il quelqu'un d'autre que vous n'avez pas pardonné?"

"Eh bien" dit elle, "Je ne peux pas pardonner au barman!"

"Oh", dis je, "ce n'est pas bon cela. Si vous ne pouvez pardonner au barman, Dieu ne peut vous pardonner."

"Eh bien" dit elle, "Je ne sais pas."

Alors je lui ai dit de s'asseoir et de réfléchir un moment pour savoir si elle pouvait pardonner le barman ou pas.

Quinze minutes après environ, elle revint et me dit "J'ai décidé"

"Qu'allez vous faire?" ai-je demandé.

"Je vais lui pardonner."

Je l'ai alors conduite dans une prière, "Seigneur, je pardonne ce barman dans la même mesure que je veux que tu me pardonnes." Quand elle pria cette prière après moi, son fardeau se dissipa, un profond soupir sortit d'elle et elle commença à sangloter. Les nœuds étaient déliés et dix minutes plus tard, elle s'en alla embrassant tout le monde. Comme c'est typique! Laisser un barman tout ruiner en vous! Et pourtant c'est typique de tellement de croyants. Le pardon est simple. C'est un acte de volonté et une expression des lèvres. Vous le décidez, vous le dites, et c'est tout. Nommez la personne. "Seigneur, je pardonne mon mari; je pardonne mon beau-fils". Soyez spécifique. "Comme je désire que tu me pardonnes, Seigneur, je leur pardonne". Vous le dites et c'est fini. Ne revenez pas en arrière en le refaisant. Si cette tentation survient, dites: "Seigneur, vendredi dernier, je lui ai pardonné." C'est résolu.

Que faire si vous avez encore du ressentiment? Commencez à prier pour la personne concernée. Vous ne pouvez en vouloir à quelqu'un et prier pour cette personne en même temps. En priant, vous remplacez le négatif par le positif.

Si vous devez être pardonné, Dieu exige que vous pardonniez les autres. Si vous voulez que vos prières soient réalisées, vous devez pardonner. Si vous voulez expérimenter la joie, la paix et l'accomplissement de soi, vous aurez en tant que chrétien, à laisser opérer le pardon dans votre vie. Le choix vous appartient! Vous pouvez choisir de laisser le non-pardon ruiner votre vie, ou vous pouvez décider, par un acte de votre volonté, de pardonner et de devenir libre.

Du même auteur:

Bénédiction ou malédiction: à vous de choisir!!
Ils chasseront les démons
Le chemin dans le saint des saints
Faire face à nos ennemis: la sorcellerie, ennemi public n° 1
Le remède de Dieu contre le rejet
Prier pour le gouvernement
Les actions de grâces, la louange et l'adoration
Votre langue a-t-elle besoin de guérison?
Le flacon de médicament de Dieu
Le mariage: une alliance
Dieu est un Faiseur de mariages
Le plan de Dieu pour votre argent
La série des fondements de la foi, vol. 1, 2 et 3
Le Saint-Esprit, oui! Mais...
La destinée d'Israël et de l'Eglise
La sorcellerie, exposée et vaincue
Réclamer notre héritage
Comment opère la grâce?
Le baptême dans le Saint-Esprit
La terre promise, la parole de Dieu et la nation d'Israël
Et autres (avril 2006, 79 titres)
A commander chez l'éditeur, ou chez votre diffuseur habituel.

Ecrivez à notre adresse pour recevoir gratuitement un catalogue de tous les livres et de toutes les cassettes de Derek Prince, et pour être tenu au courant de toutes les nouvelles éditions, et toute autre nouvelle de:

DEREK PRINCE MINISTRIES FRANCE
Route d'Oupia, 34210 Olonzac FRANCE
tél. (33) 04 68 91 38 72 fax (33) 04 68 91 38 63
E-mail info@derekprince.fr *
www.derekprince.fr